ÉTUDE HISTORIQUE & CRITIQUE

DE

L'ENSEIGNEMENT DU DROIT

DE LA

FACULTÉ DE DROIT DE RENNES

Avant 1789

PAR A. CHATEL

PROFESSEUR A LA FACULTÉ DE DROIT DE RENNES

Avocat près la Cour d'appel

1888

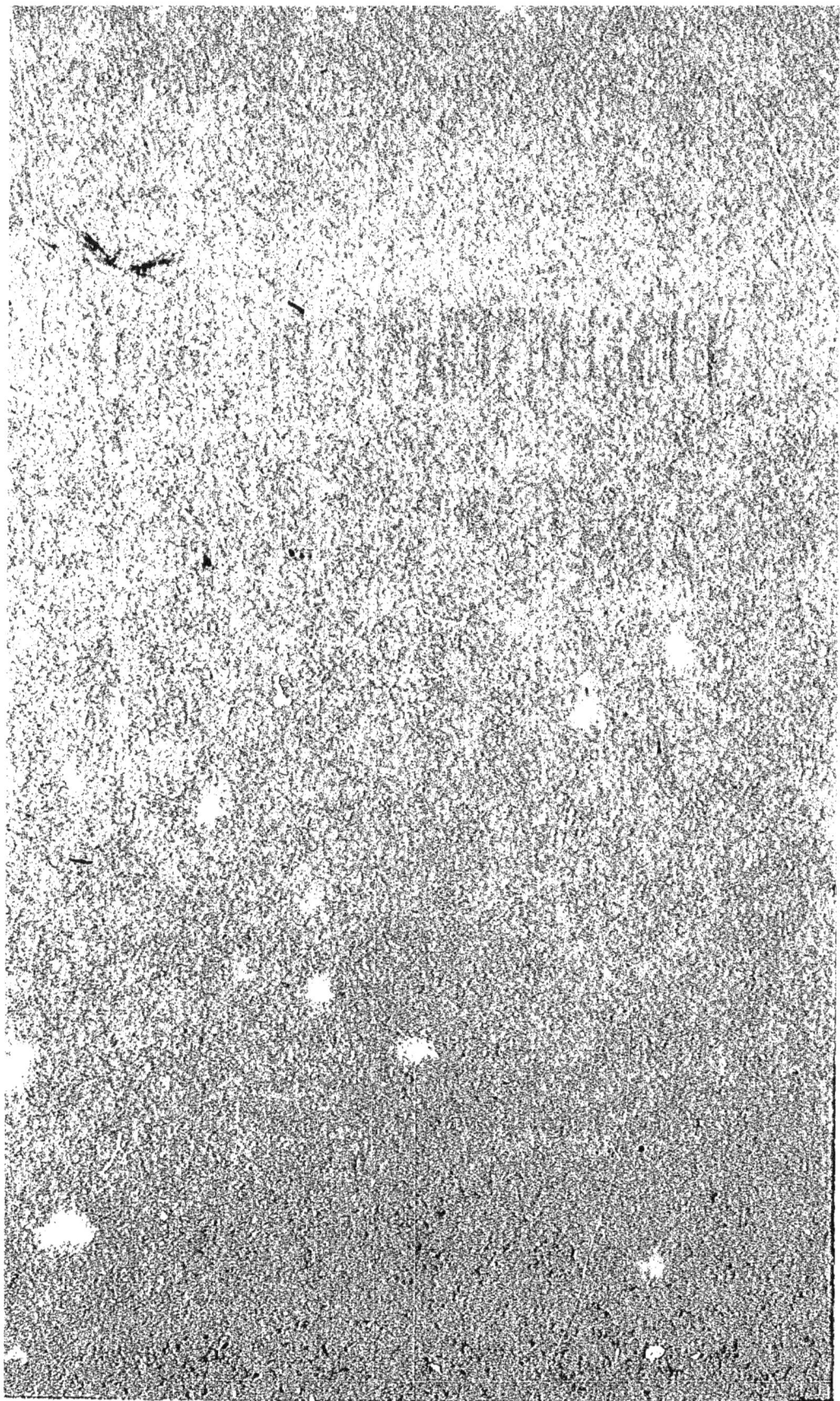

ÉTUDE HISTORIQUE & CRITIQUE

DE

L'ENSEIGNEMENT DU DROIT

DE LA

FACULTÉ DE DROIT DE RENNES

Avant 1789

PAR A. CHATEL

PROFESSEUR A LA FACULTÉ DE DROIT DE RENNES

Avocat près la Cour d'appel

1888

(C.)

DISCOURS

PRONONCÉ

A LA SÉANCE SOLENNELLE DE RENTRÉE DES FACULTÉS

ET

ÉCOLES SUPÉRIEURES DE L'ACADÉMIE DE RENNES

Le 10 novembre 1888

BIBLIOGRAPHIE

I. — *L'Enseignement supérieur en France* (1789-1889), par Louis Liard, directeur de l'Enseignement supérieur, tome I.

II. — *Recueil des lois et règlements sur l'Enseignement supérieur*, par A. de Beauchamp, en quatre tomes.

III. — Collection des anciens Registres de la Faculté de droit de Rennes, désignés dans les notes de la manière suivante :

Registre A. — Registre pour insérer les délibérations de MM. des Facultés, commencé le 23 décembre 1737 et fini le 26 août 1792.

Registre B. — Registre pour inscrire les actes des vacances et disputes et adjudications des chaires de professeurs et des agrégations, commencé le 5 juin 1742, et fini le 25 novembre 1790.

Registres C. — Trois registres d'inscriptions, d'avril 1784 au 24 novembre 1792.

IV. — *L'Association des étudiants en droit de Rennes avant 1790*, par L. de la Sicotière.

V. — Archives de la Cour d'appel de Rennes : Registre littéraire du Parlement de Bretagne, Registres secrets (recherches faites par M. le conseiller Saulnier; voir l'ouvrage précédent, p. 6).

VI. — *Procès-verbal de l'installation de l'École spéciale de droit de Rennes*, 19 mai 1806.

VII. — *Journal officiel* des 29 juin 1887, 1er juillet 1887, 21, 22, 23 mai 1888, 3 juillet 1888.

VIII. — Demolombe, tome I; préface.

IX. — *Procès-verbal de la fête donnée à M. Demolombe*, le jeudi 20 mars 1862.

X. — *L'Idée moderne du droit en Allemagne, en Angleterre et en France*, par Alfred Fouillée.

DE L'ENSEIGNEMENT DU DROIT

DE LA

FACULTÉ DE DROIT DE RENNES

AVANT 1780

Monsieur le Recteur,

Messieurs,

La Faculté de droit m'a fait le très grand honneur de me choisir pour porter en son nom la parole dans cette assemblée : je l'en remercie, appréciant plus particulièrement aujourd'hui, en face de l'auditoire qui m'écoute, tout le prix d'une semblable faveur. Je ne m'en dissimule pas, il est vrai, les périls : aussi bien, affrontant immédiatement le plus redoutable d'entre eux, j'ai la très grande hardiesse, Mesdames, d'imposer à votre bienveillante attention quelques considérations sur les *Facultés de droit.*

Toutefois une double pensée me réconforte, c'est que rien de ce qui élève l'esprit, comme rien de ce qui s'adresse au cœur, ne vous est étranger. J'ajouterai que je fais presque œuvre d'enseignement, tout au moins de prosélytisme, en vous parlant de la science du droit : cette année, la Faculté de droit de Paris n'a-t-elle pas couronné une *lauréate française* qui, reçue avec six boules blanches à son examen de première année, a obtenu une mention de droit romain et la seconde médaille de Code civil ? Vous êtes donc, Mesdames, tout à fait des nôtres, et je veux être le premier à m'en féliciter.

Dans le premier volume d'un ouvrage remarquable, en cours de publication, l'*Enseignement supérieur en France* (1789-1889), l'éminent directeur de l'Enseignement supérieur, M. Liard, nous présente, à la veille de la Révolution, le bilan matériel et moral de nos anciennes Universités, au nombre énorme de vingt-deux, toutes comprenant une Faculté de droit. Malgré l'éclat du grand nom de Pothier, il faut constater au XVIII° siècle la décadence marquée de l'enseignement du droit. Dès la fin du XVII°, un édit d'avril 1679 (1), complété par une déclaration du 6 août 1682 (2), tentait de *rétablir* les études de droit dans toutes les Universités du royaume, et principalement « l'é-
» *tude du droit civil presque entièrement négligé depuis plus*
» *d'un siècle dans toute la France;* » mais si nous en jugeons par l'état des Facultés de droit en 1789, cette tentative fut infructueuse.

Au point de vue scolaire, la Faculté de droit de Paris ne comptait que sept professeurs, assistés de douze docteurs agrégés (3), et le nombre des réceptions ne s'élevait pendant l'année 1788-1789 qu'à 563, dont deux seulement pour le doctorat (4). Les tarifs des droits d'inscription, d'examen et de diplôme n'étaient pas uniformes, et outre ces droits, il y avait des redevances en nature qui ne laissaient pas que d'être assez coûteuses (5) : à la Faculté de droit de Montpellier, par exemple, « *les candidats devaient donner une paire de gants et*
» *une boîte de dragées à chacun des docteurs qui avaient pris*
» *part ou auraient pu prendre part à l'examen;* » or la liste en était d'autant plus longue, que l'on oubliait, paraît-il, d'en rayer les absents et même les morts. Pour remédier à ces abus, un

---

(1) *Recueil des lois et règlements sur l'Enseignement supérieur,* par A. de Beauchamp, t. I, p. 406 n.

(2) *Id.,* t. I, p. 404 n.

(3) *L'Enseignement supérieur en France, 1789-1889,* par L. Liard, t. I, p. 4.

(4) *Id.,* p. 11.

(5) *Id.,* pp. 16 et suiv.

règlement de 1781 fixa le taux de ces redevances, savoir : pour le baccalauréat en droit, à deux pains de sucre; pour la licence, à trois; pour le doctorat, autant que de docteurs opinants (1).

L'installation des Écoles de droit était des plus misérables, comprenant une ou deux salles, parfois une ou deux chambres (2) : à Bordeaux, « *les professeurs en droit canonique* » *et civil avaient dû, en 1789, faire faire à leurs frais un grand* » *pupitre en forme d'armoire, servant pour le scrutin, et ren-* » *fermant un exemplaire du* Corpus juris civilis *acheté égale-* » *ment par eux la même année;* » or c'était, dit-on, leur seule bibliothèque (3).

Au point de vue moral, et encore que la Faculté de droit fît partie avec la théologie et la médecine des *Facultés supérieures* — là Faculté des arts (sciences et lettres) n'étant qu'une *Faculté inférieure et préparatoire* (4) — les plus graves abus compromettaient la valeur et la dignité même de l'enseignement. L'École de droit n'aurait été qu'un véritable prétexte à diplômes; les examens, affaire de pure forme (5); bref un docteur agrégé Lehorier ne voyait dans les Facultés que « *des boutiques ou* » *magasins de parchemin où l'on trouve, moyennant finances,* » *provision de bachelier ou de licencié* (6). » A Bordeaux, la Faculté de droit, pendant de longues années, n'aurait compté qu'un seul maître, faisant à lui seul l'office du corps entier (7). Si l'on en excepte la Faculté de droit de Strasbourg, « *où la* » *jeunesse tant française qu'étrangère qui se voue à la diplo-* » *matie* (8), » vient s'instruire, on peut dire, conclut M. Liard, que « *les Facultés de droit à la veille de la Révolution sont*

(1) L. Liard, *op. citato*, p. 20.
(2) *Id.*, pp. 41, 29 et suiv.
(3) *Id.*, pp. 30 et 43.
(4) *Id.*, p. 49.
(5) *Id.*, pp. 67 et suiv.
(6) *Id.*, p. 74.
(7) *Id.*, p. 71.
(8) *Id.*, p. 70.

» *étrangères au XVIII*ᵉ *siècle* (1) : » on y enseigne beaucoup le droit canon et le droit romain, mais nullement le droit français.

Mêmes abus, même décadence, il est vrai, dans les Facultés des arts (2), de théologie (3), et quant à la médecine, vous connaissez le mot cruel de Diderot : « *Si le jeune médecin devient* » *un habile homme, c'est à force d'assassinats* (4)! »

Les ombres de ce tableau sont peut-être un peu accusées, et, en ce qui nous concerne particulièrement, les vieilles archives de notre École et de la Cour d'appel de Rennes me permettent de vous retracer en quelques traits la physionomie bien vivante, vous l'allez voir, de la Faculté de droit de Rennes avant 1789.

Le 1ᵉʳ octobre 1735, une Déclaration de Louis XV transférait la Faculté de droit de Nantes à Rennes, exauçant ainsi le vœu, énergiquement formulé par le Parlement de Bretagne, de réunir dans la même ville l'enseignement théorique du droit et la Cour souveraine de la Province (5). Le chancelier d'Aguesseau, auteur de la Déclaration, ajoutait très courtoisement, il est vrai, cette raison plus spéciale « *que les premiers magistrats de la Province* » *seraient mis en état de veiller plus aisément sur les mœurs et* » *sur les études de leurs enfants* (6). » Cette participation effective du Parlement de Bretagne à la translation de la Faculté de droit à Rennes, devait faire naître entre le Parlement et l'École d'étroites relations dont nous avons trouvé la très curieuse histoire dans un opuscule des plus intéressants sur « *l'Association* » *des étudiants en droit de Rennes avant 1790* (7). »

(1) L. Liard, *op. citato*, p. 69.

(2) *Id.*, pp. 63 et suiv.

(3) *Id.*, pp. 66 et 67.

(4) *Id.*, pp. 75 et suiv., 77.

(5) *De l'association des étudiants en droit de Rennes avant 1790*, par L. de la Sicotière, pp, 9, 10 et 11 et les notes; Registres secrets, vol. 355. Archives de la Cour d'appel.

(6) Registre littéraire du Parlement de Bretagne, I. Archives particulières de la Cour d'appel, de la Sicotière, p. 10 et note 2.

(7) De la Sicotière, *op. citato*.

L'ouverture de l'École de droit eut lieu le 11 juin 1736, à trois heures après midi (1) : un arrêt de règlement rendu en assemblée générale, le 23 février 1736 (2), établit la discipline de la Faculté sous la haute surveillance du Parlement. L'année suivante, par arrêt du 25 février 1737 (3), la Cour ordonnait l'exécution rigoureuse de l'édit d'avril 1684, dont les termes méritent d'ailleurs d'être rappelés : « *Le Roi, afin d'accoutumer* » *les jeunes gens qu'on destine à la magistrature, de garder,* » *pendant le temps qu'ils étudient, une partie des règles qu'ils* » *seront obligés d'observer quelque jour, veut que tous ceux qui* » *étudient en droit, portent des habits modestes, convenables à* » *leur condition, leur défend de porter épée dans la ville où les* » *Écoles de droit sont établies, à peine, etc.* (4). » Le Parlement n'hésita pas à sévir contre les contrevenants, et le 4 mai 1738, la Cour obligeait « *deux écoliers de droit, trouvés saisis, l'un* » *d'une épée, l'autre d'une trique de fagot, à poursuivre leurs* » *études une quatrième année, avant d'être admis à soutenir* » *leurs actes de licence* (5). »

A quelques années de là, deux incidents, fort puérils en apparence, témoignaient du très grand souci, que dis-je, de la très vive susceptibilité de nos anciens collègues, au sujet de leurs droits respectifs : ces détails, absolument inédits, sont en tout cas assez piquants. C'était en août 1741 : le doyen de la Faculté de droit était absent. Or, aux termes d'une délibération de l'Université de Nantes, au cas d'absence du doyen, son fauteuil devait rester vide. Le professeur de droit français se plaignit vivement à la Faculté de ce que deux de ses collègues, professeurs de

(1) De la Sicotière, *op. citato*, p. 12.

(2) *Id.*, p. 14.

(3) Archives de la Cour d'appel, Registres secrets, 1737, de la Sicotière, p. 13 et note 1.

(4) Avril 1684. Édit donné à Versailles; de la Sicotière, p. 13, note 1.

(5) Archives de la Cour d'appel, Registres secrets 1738 ; de la Sicotière, p. 13, note 1, IV, p. 14.

droit romain, s'en fussent emparés tour à tour. Ceux-ci répondirent qu'ils n'auraient nullement tenu à l'occuper « s'ils n'a-
» vaient pas remarqué que le plaignant, se plaçant dans la chaise
» la plus proche de ce fauteuil, n'avait affecté de se retirer, de
» façon qu'il ne paraissait plus dans sa place, mais à la tête du
» banc (1). »

L'année suivante, le même professeur, auquel la Faculté avait donné tort, critiquait amèrement la convocation faite par son collègue, professeur de droit romain, à l'occasion de l'enterrement de ce pauvre doyen, dont les prérogatives étaient à l'avance si chaudement disputées, et il posait à ses collègues l'ultimatum suivant : ou bien il marchera à la tête de la Faculté, faisant l'office de doyen, ou bien « il tiendra la première des quatre cor-
» nières du drap mortuaire, et il jettera le premier l'eau bénite
» sur le corps. » La Faculté se rendit à ce dernier désir (2).

Les étudiants, eux aussi, revendiquaient hautement leurs privilèges, maintenus en principe par un arrêt du Parlement du 3 juillet 1737 et par une Déclaration du Roi du 26 novembre de la même année (3); mais ils crurent devoir en assurer plus efficacement la défense, en formant entre eux, en 1756, une association (4). Le principal de ces privilèges consistait dans le droit à treize entrées gratuites aux spectacles de la ville, et, détail que vous noterez, j'en suis sûr, « toute actrice débutante devait,
» paraît-il, au Prévôt des étudiants une visite de cérémonie
» qu'il recevait dans la salle même du droit, en présence de ses
» camarades (5). » L'Association des étudiants avait un registre dont l'existence devait être singulièrement mouvementée : ouvert sur le nom de Toullier, il se ferme sur celui du futur vain-

---

(1) *Registre A* (Voir en tête indications bibliographiques), folios 12 au verso et 13.

(2) *Id.*, folios 17 et suiv.

(3) De la Sicotière, p. 14, note 2.

(4) *Id.*, p. 14.

(5) *Id.*, p. 15.

queur de Hohenlinden, Moreau (1). A la suite des luttes
mémorables du Parlement de Bretagne contre l'autorité royale,
au sujet de la perception, sur simples Déclarations du Roi et
sans le consentement des États, de la levée de deux sous par
livre, après la démission et l'exil de soixante-douze magistrats
sur quatre-vingt-quatre, après l'arrestation de la Chalotais (2),
les étudiants en droit, coupables d'avoir, avec la Faculté de droit
elle-même et le barreau, manifesté leur adhésion à l'attitude
courageuse du Parlement, se virent accusés de « *former un*
» *corps politique dans l'État et de se faire des règlements de*
» *leur autorité privée;* » la nouvelle Cour, sur les remontrances
et les conclusions du procureur général du Roi, ordonna (arrêt
du 31 janvier 1767) (3), la confiscation et le dépôt à son greffe
« *du prétendu registre des délibérations de MM. les Étudiants*
» *en droit, 19 août 1756, lequel ne peut être regardé que comme*
» *un cahier informe et sans aucune autorité.* »

En revanche, après le rappel du Parlement et sa rentrée so-
lennelle, l'ancienne Cour, par arrêt du 14 août 1769, décernait
acte aux étudiants, sur la plaidoirie de M⁰ Etasse, avocat et *pro-*
fesseur agrégé de la Faculté de droit (4), de leur déclaration de
« *n'entendre former aucun corps politique distinct et séparé des*
» *Facultés de droit,* » et leur restituait le registre de leur Association (5).

Mais ce ne fut qu'une trêve de courte durée : le 22 août 1772,
après la dispersion pour la seconde fois du Parlement, les nouveaux magistrats « *militairement installés,* » supprimèrent *ité-*
rativement le registre « qui, d'après l'avocat général, eût dû
» *rester au greffe dans un éternel oubli* (6). » Ce n'est pas tout:

(1) De la Sicotière, p. 6.
(2) *Id.*, pp. 17 et suiv.
(3) *Id.*, pp. 21 et 22. Registres secrets (Archives de la Cour).
(4) *Registres A et B.*
(5) De la Sicotière, pp. 23 à 26, Registres secrets (Archives de la Cour).
(6) *Id.*, pp. 27 et 28, Registres secrets (Archives de la Cour).

par un dernier arrêt du 30 avril 1773, les privilèges des étudiants sont dénoncés comme abusifs et intolérables : plus d'entrées gratuites au théâtre; n'ont-ils pas commis le crime impardonnable d'étendre « *les treize entrées à tous les petits spectacles* » *publics donnés par les joueurs de gobelets, joueurs de marion-* » *nettes, et cela autant de représentations qu'ils pourraient en* » *répéter chaque jour? Cette espèce d'incorporation des étudiants* » *a de plus osé introduire l'usage de faire des levées de deniers* » *par forme de cotisation entre eux pour la célébration de ser-* » *vices à l'intention de ceux qui meurent pendant le cours de* » *leurs études! Cette levée de deniers, sans participation de* » *l'autorité, est absolument illégale* (1). »

L'avènement de Louis XVI rendit aux étudiants (arrêt du 10 mai 1775) (2) avec leurs privilèges ce fameux registre dont les feuillets épars étaient, à un siècle de distance, achetés comme vieux papiers par les fripiers d'Alençon (3). Le surlendemain de l'arrêt, Toullier, élu prévôt des étudiants, résume dans un rapport, tout vibrant d'indignation, les délibérations de l'Association recueillies depuis la décision spoliatrice du 22 août 1772 sur des feuilles volantes : il flagelle avec une âpreté juvénile « *ce tribunal* » *emprunté qui avait usurpé le temple de la justice, ces juges* » *jaloux de se faire des partisans qui pussent pallier leur honte* » *en la partageant et la leur faire en quelque sorte oublier à* » *eux-mêmes; ces juges qui, ne désirant rien tant que de se faire* » *reconnaître par un corps composé de la plus brillante jeunesse* » *de la Province, ne craignaient point de s'avilir, en vous faisant* » *dire par la bouche du sieur de Kermaingui, alors votre prévôt,* » *que, si nous voulions les aller voir, le jugement du 22 août* » *demeurerait sans exécution et s'ensevelirait dans l'oubli* (4). »

---

(1) Archives de la Cour, Registres secrets, 1772; de la Sicotière, pp. 31 à 36, note.

(2) De la Sicotière, p. 30.

(3) *Id.*, pp. 3 et suiv.

(4) *Id.*, pp. 31 à 45.

Le grand jurisconsulte Duparc-Poullain qui, depuis 1743 (1), occupait avec tant d'éclat la chaire de droit français, meurt le 14 octobre 1782 ; l'Association des étudiants « *est unanimement* » *d'avis de témoigner les regrets de sa perte par la célébration* » *d'un service solennel, et arrête à cet effet une imposition de* » *trois livres sur chacun de ses membres* (2). »

A la veille de 1789, la plus grande effervescence règne au sein de l'Association : les étudiants, Moreau en tête, surnommé l'année précédente le *général du Parlement* (3), organisent, dans leur salle, des États au petit pied (4) : mais surviennent les journées des 26 et 27 janvier 1789, dont on veut rejeter la responsabilité entière sur l'Association. La Faculté de droit se réunit, et prend en main la défense de ses étudiants : « *Les Facultés des droits* » *profondément affligées des événements qui se sont passés à* » *Rennes aux journées des 26 et 27 janvier dernier, informées* » *que l'on a cherché à calomnier ses élèves et autres jeunes* » *citoyens auprès du Roi et de ses ministres, en altérant et dé-* » *naturant tous les faits ; instruites et persuadées qu'ils n'ont été* » *agresseurs à aucune des deux journées, et désirant leur donner* » *des témoignages du tendre et vif intérêt qu'elles doivent* » *prendre à ce qui les concerne, et manifester de plus en plus* » *leur innocence aux yeux du souverain, ont arrêté d'envoyer la* » *présente délibération...,* » etc. (4 février 1789) (5).

Le 29 mars suivant, la Faculté est appelée à élire deux délégués pour la représenter à l'assemblée du 1ᵉʳ avril, en vue de l'élection des députés aux États généraux : Lanjuinais, rédacteur du cahier de la sénéchaussée de Rennes, et Aubrée, sont désignés, et « *expressément chargés de ne donner leur voix à* » *aucun noble ni anobli, même de rappeler, s'il était besoin, à*

(1) *Registre B*, folio 6.
(2) De la Sicotière, pp. 50 et 51.
(3) *Id.*, p. 57.
(4) *Id.*, p. 62.
(5) *Registre A*, folios 102 verso et 103.

» *ladite assemblée, l'exclusion positive prononcée contre eux*
» *dans les arrêtés du tiers état et des communes* (1). » L'assemblée du 1ᵉʳ avril envoya Lanjuinais siéger aux États généraux, dont il devait être l'un des orateurs les plus remarquables.

Le Chapelier, collègue de Lanjuinais, est nommé président
de l'Assemblée nationale : la Faculté de droit décide « *qu'une*
» *lettre de félicitations sera adressée par le doyen à M. Le Cha-*
» *pelier, ancien étudiant de la Faculté, de laquelle lettre sera*
» *fait registre pour manifester et perpétuer tous les sentiments*
» *dont la Compagnie est pénétrée pour un citoyen dont le nom*
» *seul fait l'éloge* (2). »

En l'an III, Carré, âgé de 17 ans, était capitaine de la compagnie des jeunes républicains de Rennes (3).

Si professeurs et étudiants, unis par la plus complète solida-
rité, prenaient une part aussi active aux événements multiples
qui depuis vingt-cinq ans agitaient la Bretagne et particulièrement la ville de Rennes, le régime intérieur de la Faculté con-
servait la discipline la plus parfaite.

La Faculté procédait avec la plus grande exactitude et la plus
grande impartialité, non seulement aux examens de ses étudiants,
à l'admission de ses docteurs et de ses agrégés, mais encore au
choix de ses auxiliaires de divers ordres : le 1ᵉʳ juillet 1786, elle
nommait son libraire, son parcheminier, son grand bedeau, ces
deux derniers, avocats au Parlement (4), et pour les simples
bedeaux, elle exigeait qu'ils sachent lire et écrire, qu'ils éta-
blissent leurs bonne vie et mœurs, ainsi que l'atteste le certificat
suivant, délivré par le recteur de Saint-Jean, demeurant en son
presbytère, rue Saint-Melaine : « *Le recteur... dépose que ledit*

---

(1) *Registre A*, folio 103 verso.
(2) *Id.*, folio 105.
(3) De la Sicotière, p. 70.
(4) *Registre A*, folio 90 verso.

» *Stot, son paroissien, est de bonne vie et mœurs, et sans re-*
» *proche, qu'il l'a vu s'acquitter des devoirs d'un bon chrétien,*
» *et assister aux cérémonies de l'Église* (1). »

Chaque année la Faculté de droit, à la Saint-Yves, le 19 mai,
assistait à la messe dans l'église des R. P. Cordeliers, et voici le
dernier procès-verbal de cette cérémonie, enregistré le 20 mai
1790 : « *Revêtus de leurs robes et chaperons rouges herminés,*
» *précédés des quatre bedeaux, l'un d'eux portant la masse,*
» *Messieurs ont passé par le cloître et se sont rendus dans le*
» *chœur au son des cloches et les orgues touchées. M. le Doyen*
» *a occupé la première stalle du côté de l'épître : MM. les Pro-*
» *fesseurs et Docteurs agrégés d'un et d'autre côté suivant leur*
» *ordre de réception. La messe a été célébrée. A l'Évangile, le*
» *diacre a porté le livre à baiser à M. le Doyen qui a été encensé*
» *trois fois. Messieurs sont allés à l'offrande. Deux acolytes ont*
» *encensé les deux côtés du chœur. La paix a été donnée à baiser,*
» *et la messe finie, Messieurs sont retournés dans le même ordre*
» *dans la salle d'où ils étaient sortis* (2). »

En 1789-1790, l'École comptait 140 étudiants (3) et 5 professeurs, Loisel, doyen ; Duhérain, Loncle, Lanjuinais et Chailloux ;
il y avait en outre 7 agrégés, Lemarchand, Frot, Leclerc,
Aubrée, Codet, Legraverend et Toullier (4). Lors d'un des derniers concours d'agrégé, le président du concours, Loncle, est
malade : les concurrents viennent dans sa chambre, près de son
lit, et là, suivant l'expression du procès-verbal, « *adhortatus*
» *est athletas ad pugnam* (5). » Mais — grave incident — en
raison des troubles des journées des 26 et 27 janvier 1789, l'un
des candidats s'est vu dans la nécessité de travailler la nuit à
ses thèses de concours pour pouvoir les achever à l'heure dite.

(1) Registre A, folio 90.
(2) Id., folio 106.
(3) L. Liard, op. citato, p. 14 et Registres C.
(4) Registre A et B, passim.
(5) Registre B, folio 66 verso.

et « *dum laboratoriæ mensæ assidebat, obdormiens folio,* » le feu a pris à ses papiers et consumé son œuvre (1)!

Les droits de la Faculté étaient défendus même à l'encontre de lettres patentes du Roi avec une respectueuse fermeté, témoin l'opposition faite le 29 juillet 1787 (2) par la Faculté à la nomination sans concours du fils de l'un des professeurs, docteur agrégé près la Faculté de droit de Caen, en remplacement de son père. Deux agrégés, Frot et Toullier, sont délégués pour appuyer près du garde des sceaux la protestation de leurs collègues : il faut lire le récit de leur voyage, de leurs visites, l'état de leur budget, accusant une dépense de 1,164 livres sur 1,200 livres à eux remises, et provenant « *de la vente du contrat* » *sur le clergé, qui est le seul fond qui appartienne à l'École* (3). »

Si la Faculté de droit défend ses privilèges, elle est la première à se rendre compte des abus : le 22 juin 1786, un mémoire énergique est adressé au Gouvernement sur la nécessité d'une réforme dans les études de droit, et sur les moyens de l'opérer, mémoire qui provoquait d'avance sur presque tous les points la réorganisation qui vingt ans plus tard devait être accomplie par la loi du 22 ventôse an XII (4).

Le dernier procès-verbal des registres, en date du 26 août 1792, constate que « *MM. Loisel, Loncle et Lanjuinais ont* » *continué leur enseignement pendant l'année académique 1791-* » *1792* (5). »

L'année suivante, au plus fort de la tourmente révolutionnaire, toutes les Facultés étaient supprimées par la loi du 15 septembre 1793 (6). Après plusieurs projets, frappés d'avance de stérilité, la loi du 11 floréal an X (1er mai 1802) eut pour objet

---

(1) *Registre B*, folios 63 et 64 verso.

(2) *Registre A*, folios 93 verso et suiv.

(3) *Id.*, folios 98 et suiv.

(4) *Procès-verbal de l'installation de l'école spéciale de droit de Rennes*, p. 21.

(5) *Id.*, folio 107 verso.

(6) De Beauchamp, t. I, pp. 14 et 15.

de réorganiser l'instruction publique, et dans son discours prononcé au Corps législatif, l'orateur du Gouvernement, Fourcroy,
après avoir « *regretté la disparition des Écoles de droit et de*
» *jurisprudence... dont il est impossible de se passer,* » ajoute :
« *Il pourra y avoir dix Écoles de droit... Ces institutions, si*
» *utiles, qui n'existent plus depuis près de dix ans, reprendront*
» *par une nouvelle organisation la splendeur et l'importance*
» *qu'elles avaient perdues longtemps avant la Révolution* (1). »

Le vœu, émis dans la loi du 11 floréal an X, fut réalisé par
la loi du 22 ventôse an XII (13 mars 1804) (2), relative aux
Écoles de droit. Neuf Écoles, si je fais abstraction des villes de
Coblentz, Bruxelles et Turin, momentanément réunies à la
France, sont établies à Paris, Dijon, Grenoble, Aix, Toulouse,
Poitiers, Rennes, Caen et Strasbourg. Depuis cette époque,
cinq autres Facultés ont été créées : à Nancy, le 9 janvier 1864;
à Douai (aujourd'hui à Lille), le 28 avril 1865; à Bordeaux, le
15 décembre 1870; à Lyon, le 29 octobre 1875; à Montpellier,
le 29 novembre 1878 : enfin une École supérieure de droit a été
fondée à Alger le 20 décembre 1879.

Aux termes de la loi du 22 ventôse an XII, chaque École
comprenait cinq professeurs et deux suppléants, et les matières
enseignées étaient (art. 2) :

1° Le droit civil français dans l'ordre établi par le Code civil,
les éléments du droit naturel et du droit des gens, et le droit
romain dans ses rapports avec le droit français;

2° Le droit public français et le droit civil dans ses rapports
avec l'administration publique;

3° La législation criminelle, et la procédure civile et criminelle.

Le 19 mai 1806, l'*École spéciale de droit de Rennes* était
solennellement installée avec ses cinq professeurs : Loisel, doyen;
Toullier, Legraverend fils, Aubrée, Carré, et ses deux suppléants,

(1) De Beauchamp, t. I, pp. 63 et suiv.
(2) Id., t. I, pp. 133 et suiv.

Lesbaupin et Félix Vatar. Ces noms, et particulièrement ceux de Toullier et de Carré, sont chers à la Faculté de droit de Rennes qu'ils ont illustrée (1).

En mars 1812, un rapport de Chabot de l'Allier (2), l'un des cinq inspecteurs des Écoles de droit, créés par la loi du 22 ventôse an XII, appréciait déjà les excellents effets de la réorganisation de l'enseignement du droit qui dans les années suivantes se complétait par la création des chaires de droit commercial et de droit administratif. Sous le gouvernement de Louis-Philippe, une Commission des hautes études du droit est à deux reprises différentes constituée par décisions des 29 juin 1838 et 20 février 1845, pour assurer le développement et la prospérité des études de droit. « *L'Université se hâtera d'introduire*, écrit le » ministre Salvandy, *toutes les améliorations qui lui seront* » *signalées dans un enseignement dont les progrès intéressent au* » *plus haut degré l'honneur du barreau, la dignité de la* » *magistrature et l'État lui-même (3).* » Beaucoup de questions furent posées sans être résolues : fallait-il notamment étendre à toutes les Facultés de droit le cours de droit constitutionnel, créé à Paris en 1834 par Guizot? Le droit des gens, l'histoire du droit semblaient également s'imposer au choix de la Commission. La seule réforme dont le principe fut admis, ce fut le dédoublement en deux chaires de la législation criminelle et de la procédure civile, réforme qui ne devait s'achever qu'en 1875, sous l'impulsion nouvelle et décisive donnée à l'étude du droit.

En effet, par arrêté du 1er février 1872, le ministre de l'instruction publique, en vue de la proclamation prochaine de la liberté de l'Enseignement supérieur, instituait une Commission des études du droit, dont les travaux considérables sont réunis

(1) *Procès-verbal de l'installation de l'école spéciale de droit de Rennes.*
(2) De Beauchamp, t. III, p. 884 a.
(3) *Id.*, t. I, p. 820 n. et suiv., et p. 963.

dans le rapport (avril 1874) (1) si complet et si précis du secrétaire de cette Commission, M. Accarias, alors agrégé à la Faculté de droit de Paris, aujourd'hui inspecteur général honoraire des Facultés de droit, et l'un de nos deux représentants au Conseil supérieur de l'instruction publique. Au point de vue du développement des études juridiques, la Commission proposait deux nouveaux cours de licence : un cours d'introduction à l'étude du droit, portant notamment sur l'histoire du droit, et un cours d'économie politique. Quant au doctorat, les matières spéciales, indiquées par la Commission étaient : les *Pandectes,* le droit des gens, l'histoire externe du droit, le droit coutumier et canonique, le droit constitutionnel, le droit commercial comparé, la législation financière, l'économie politique.

Comme consécration de ce rapport, trois cours nouveaux : l'économie politique, l'histoire générale du droit français public et privé, le droit international privé, ont été compris dans le programme de licence, le premier, par un décret du 26 mars 1877 (2), les deux autres par le décret du 28 décembre 1880 (3). Enfin pour le doctorat, le décret du 20 juillet 1882, commenté par deux circulaires des 28 juillet et 3 novembre 1882 (4), crée trois cours obligatoires : *Pandectes,* histoire du droit et droit constitutionnel, chaque Faculté restant libre et étant même fortement engagée à y joindre des cours complémentaires sur les autres matières qu'elle croirait devoir choisir.

Dans un pays où le Gouvernement républicain a pour base le suffrage universel, personne ne peut s'étonner que l'étude soit de la constitution actuelle, soit de celles qui se sont, hélas! trop rapidement succédé dans notre histoire depuis 1789, ne doive

(1) De Beauchamp, t. III, pp. 918 a et suiv.
(2) Id., t. III, p. 147.
(3) Id., t. III, pp. 536 et suiv.
(4) Id., t. III, pp. 634 et suiv., 668 et 689.

avoir sa place marquée dans les études juridiques : toutefois le cours de droit constitutionnel est en quelque sorte détaché du cours de droit administratif dont la préface nécessaire a toujours été l'examen plus ou moins sommaire de la Constitution.

Quant au droit international privé, le développement — je n'ose pas dire, à l'heure où je parle, l'amélioration — des relations internationales commandait cette extension du droit privé tant au point de vue civil qu'au point de vue commercial : mais les principes, les théories les plus importantes de ce cours trouvent leur base dans le droit civil, dont il constitue une véritable annexe.

L'histoire du droit et l'économie politique sont au contraire, dans toute l'acception du terme, deux enseignements nouveaux, dont la portée scientifique ne saurait nous laisser indifférents. Rechercher les sources de notre droit national, en montrer la formation lente et progressive à travers les luttes incessantes de l'époque franque, suivre pas à pas l'organisation si originale en même temps que si savante du monde féodal; prendre une à une les institutions, les personnes et les choses dans leurs transformations successives, faire revivre sous nos yeux l'ancienne France des pays de coutume et des pays de droit écrit; étudier, à côté du pouvoir royal, l'histoire des Parlements, de ces États généraux, précurseurs lointains de 1789, qui apparaissent, par intervalles quelquefois de plus d'un siècle, aux périodes les plus critiques comme une consultation suprême de la nation : voilà le magnifique programme dont nous trouvons les grandes lignes merveilleusement tracées dans les travaux de l'École historique française des Augustin Thierry, des Laferrière et des Giraud.

L'enseignement économique est le complément nécessaire des études de droit, et pour faire ressortir cette relation étroite entre le législateur et l'économiste, j'emprunterais volontiers au socialiste Proudhon cette pensée, aussi exacte dans la forme que juste au fond : « *L'utile est l'aspect pratique du juste, le juste est l'aspect moral de l'utile.* » Du reste les événements de tous les jours, les moindres détails, comme les plus graves questions qui intéressent notre commerce, l'industrie, l'agriculture, nos débats parlementaires enfin ne sont-ils pas la preuve en quelque sorte permanente que nous devons demander aux principes d'une saine économie politique les règles les plus essentielles de notre vie sociale?

En présence de cette sollicitude du Gouvernement de la République pour notre belle science du droit, le moment semble mal choisi pour exprimer sur l'avenir des études juridiques un sentiment de crainte, si légère qu'elle puisse être, et qui à vos yeux ne serait qu'une vaine pusillanimité.

Tous vous avez suivi les discussions législatives relatives au *projet de loi organique militaire*, et tous nous sommes pénétrés de la gravité de cet important débat qui a soulevé et soulève encore les difficultés les plus grandes que puisse rencontrer le législateur. D'un côté, la nécessité impérieuse de ne rien négliger pour l'intérêt supérieur de la défense de la patrie; de l'autre, le patriotique désir d'assurer le progrès de la science et l'avenir intellectuel de la nation. Aussi l'un des points les plus délicats qui soient en discussion, est-il celui de savoir si, pour favoriser les hautes études et par là même le recrutement des carrières libérales ou administratives, il n'y aurait pas lieu — *en temps de paix*, bien entendu — de restreindre à un minimum aussi réduit que possible, la présence sous les drapeaux de notre jeunesse des écoles et parmi elle des Étudiants en droit, dont nous nous occupons exclusivement dans cette étude. Devant la Chambre des députés, divers amendements ont été présentés en ce sens, l'un d'eux par notre excellent collègue M. Durand qui a apporté, au service de la cause qu'il patronnait, toute la vigueur de ses convictions et toute l'indépendance de son caractère (1).

(1) *Journal officiel*, du 1er juillet 1887.

Au Sénat, MM. Bardoux (1) et Renault (2) ont été, au cours des deux délibérations, les défenseurs autorisés, éloquents des études de droit. Il ne m'appartient en aucune façon de prendre parti dans ce débat, même en ce qu'il nous touche de plus près, et tout en ne nous désintéressant nullement de semblables questions, nous attendons avec confiance la solution législative, si intimement liée aux destinées de notre chère patrie.

Mais quelle que doive être cette solution, ce que nous voulons, c'est que la science du droit sorte intacte de ces débats : au premier abord, il est vrai, les critiques, si amères qu'elles soient, semblent ne viser que le diplôme de licencié en droit; puis on insiste, en déclarant *a priori* que les diplômes de licencié ès lettres ou ès sciences exigent des études plus fortes que celles qui procurent la licence en droit; enfin comme conclusion, on ne craint pas de proclamer à la tribune française que chaque année sur 1,200 aspirants au grade de licencié en droit, il y a 1,200 couronnés (3).

Je pourrais, en ce qui concerne cette première affirmation, me ménager un triomphe facile, en vous montrant le lamentable et trop nombreux cortège des refus, si toute note de tristesse ne devait être impitoyablement bannie de cette réunion : non, nous ne sommes pas descendus, et ne descendrons jamais au rang de ces Facultés exotiques qui n'ont de réelle existence que dans les annonces de la quatrième page de nos grands journaux parisiens.

Loin de moi aussi la pensée de m'arrêter un seul instant à l'appréciation comparée des diplômes délivrés par nos Facultés; il n'y a pas d'assimilation, et par suite de comparaison possible entre des études absolument différentes par leur nature, par leur durée, leur méthode, leur programme, par la population

(1) *Journal officiel* des 21-23 mai 1888.
(2) *Id.*, du 3 juillet 1888.
(3) *Id.*, du 3 juillet 1888, p. 1079.

scolaire de leurs étudiants, par leur but enfin. Nous avons trop
d'estime et de fraternelle amitié pour nos collègues des lettres
et des sciences, pour que nous puissions croire un seul instant
qu'ils nous gardent rancune de l'ancienne qualification de
Faculté inférieure donnée avant 1789 aux Facultés des arts :
nous répudions sans hésiter ce souvenir, à jamais effacé.

Au reste, les diplômes ne sont pour ainsi dire que le côté
purement externe, artificiel de la question : ils seraient sup-
primés que l'Enseignement n'en existerait pas moins avec sa
mission suprême d'éducation. Mais si l'on peut dire que ce ne
sont pas les diplômes qui font l'élite d'une nation, « *parmi ceux*
» *qui obtiennent des diplômes, — fût-ce celui de licencié en*
» *droit, — il y a,* disait éloquemment au Sénat M. Renault,
» *des jeunes gens qui ont travaillé, énergiquement travaillé, qui*
» *ont mis de l'application, de l'enthousiasme à leur besogne, et*
» *quiconque s'est jeté, avec toute la bonne volonté qui existe en*
» *lui, dans l'étude d'une science et en a cherché le fond, à*
» *quelque ordre des connaissances humaines qu'elle se rattache,*
» *prépare un homme d'élite dans la nation dont il est le fils* (1). »

Laissons donc de côté les critiques un peu superficielles qui
se dégagent des travaux parlementaires; laissons de côté aussi
ces croyances populaires qui personnifient volontiers le droit
dans les débats de cour d'assises ou de police correctionnelle,
la justice civile n'apparaissant que dans une sorte de pénombre,
et stigmatisée d'un mot, l'esprit de chicane. Certes les procès
criminels qui mettent en jeu l'honneur et la liberté des citoyens,
en même temps qu'ils assurent le bon ordre et la sécurité publique, donnent souvent lieu à d'admirables joûtes oratoires :
c'est le côté que j'appellerai *passionnel* du droit, mais ce n'en
est qu'un côté.

J'ai hâte d'arriver aux deux critiques plus sérieuses et quelque
peu accréditées, bien qu'elles se neutralisent par leur complète
contradiction. Pour les uns, la science juridique n'est qu'une

_____

(1) *Journal officiel* du 8 juillet 1888, pp. 1078-1079.

vaine théorie, restant en dehors des réalités de la vie pratique, illusoire, sinon dangereuse ; pour les autres, au contraire, c'est tout au plus un enseignement professionnel, trop exclusivement exégétique, dépourvu de tout esprit de méthode, ne comportant aucune échappée philosophique, aucune généralisation, aucune idée vraiment scientifique.

Pour les premiers, le droit romain est une étude surannée : à quoi sert-il, lorsqu'on a quitté l'École de droit? On ne le cite plus au Palais, ou si par mégarde un souvenir indiscret vous échappe, ne court-on pas le risque de provoquer un léger sourire? Le droit romain a trouvé, à chaque attaque dont il a été l'objet, d'énergiques défenseurs qui nous l'ont conservé comme la base scientifique de toute éducation juridique, et ce n'est pas dans notre Faculté, en présence du maître éminent (1) dont vous avez suivi les leçons, qu'il faut, Messieurs, contester les bienfaits d'un semblable enseignement.

S'en prendra-t-on dans un sens opposé, à la procédure civile, par exemple, en n'y voyant qu'un mécanisme absolument technique? Ceux-là oublient trop facilement, d'une part, qu'à la base même de ce cours se place toute notre organisation judiciaire, et que, d'autre part, les lois de forme et de procédure constituent, la plupart du temps, la protection la plus efficace et la plus nécessaire du droit.

Au surplus, pourquoi vouloir à tout prix cette espèce de divorce entre la théorie et la pratique? Pourquoi de part et d'autre ces dédains réciproques? La jurisprudence, « *cette partie* » *animée, presque dramatique de notre législation*, VIVA VOX » JURIS CIVILIS (2), » ne forme-t-elle pas partie intégrante de notre enseignement, et n'est-ce pas notre honneur que d'avoir pour collaborateurs de tous les jours ces magistrats savants et distingués dont la haute et noble fonction est aussi de « *dire le* » *droit?* »

---

(1) M. Bodin, doyen de la Faculté de droit de Rennes, professeur de droit romain.

(2) Demolombe, t. I, préface, p. IV.

Le droit est « une science active et militante, toujours en
» présence des faits qu'elle doit gouverner (1). »

Cette définition que j'emprunte à mon vénéré maître, me
permet, en terminant, d'évoquer pour un instant devant vous
cette grande figure de Demolombe. Dans une circonstance so-
lennelle de sa vie, alors qu'il venait de refuser un siège de
conseiller à la Cour de cassation (2) pour se consacrer tout
entier à sa Faculté de Caen : « *Je suis bien heureux*, disait-il à
» *ses collègues avec une émotion à peine contenue, de rester*
» *au milieu de vous pour remplir la mission qui est la nôtre,*
» *d'initier nos chers disciples à cette belle science du droit. Le*
» *jurisconsulte romain disait de ceux qui l'enseignent, qu'ils*
» *exercent une espèce de sacerdoce,* CUJUS MERITO QUIS NOS SACER-
» DOTES APPELLET, *et j'ajouterai aussi de ceux qui l'étudient,*
» *qu'ils accomplissent le plus sérieux et le plus intéressant*
» *noviciat qui puisse satisfaire les nobles aspirations de la jeu-*
» *nesse, et cet ardent désir de savoir et de connaître qui est un*
» *de ses plus beaux privilèges* (3). »

Cette passion, j'allais dire cet amour du droit, le grand jurisconsulte la partage avec les esprits les plus distingués de notre
temps pour lesquels l'étude du droit est la caractéristique de
notre tempérament national (4). Dans une étude magistrale des
plus attachantes, un philosophe contemporain (5) recherche en
Allemagne, en Angleterre et en France l'idée philosophique du
droit correspondant au génie de chaque peuple. Pour l'Allemagne, l'idée du droit se confond avec le principe de la force,
et si le plus illustre de ses hommes d'État a pu dénier dans sa
teneur même, sinon dans son esprit, la maxime « *la force prime*
» *le droit,* » on aboutit cependant à une sorte de fatalisme his-

(1) Demolombe, t. I, préface, p. IV.
(2) Décrets des 24 janvier et 1er mars 1862.
(3) *Procès-verbal de la fête donnée à M. Demolombe, le 20 mars
1862,* p. 22.
(4) *Journal officiel* des 21-23 mai 1888, p. 693 (M. Barloux).
(5) De l'idée moderne du droit, par Alfred Fouillée.

torique, de darwinisme social et politique qui ne voit dans le droit « *qu'une concentration pure de la force* (1). »

Pour l'Angleterre, c'est dans le jeu des intérêts que se trouve l'idée du droit : là l'économie politique absorbe le droit, au lieu de le prendre pour point de départ et pour but (2).

La France au contraire est le peuple élu du droit (3) : nous avons la religion du droit, et si nos intérêts les plus chers nous commandent impérieusement d'avoir aussi la force, la glorieuse histoire de nos victoires comme de nos défaites nous dit assez que dans notre belle patrie la force sera toujours au service du droit, de la justice et de la liberté.

(1) Alfred Fouillée, pp. 1 à 75.
(2) *Id.*, pp. 76 à 141.
(3) *Id.*, pp. 141 à 217.

Typ. Oberthür, Rennes (1113-55).

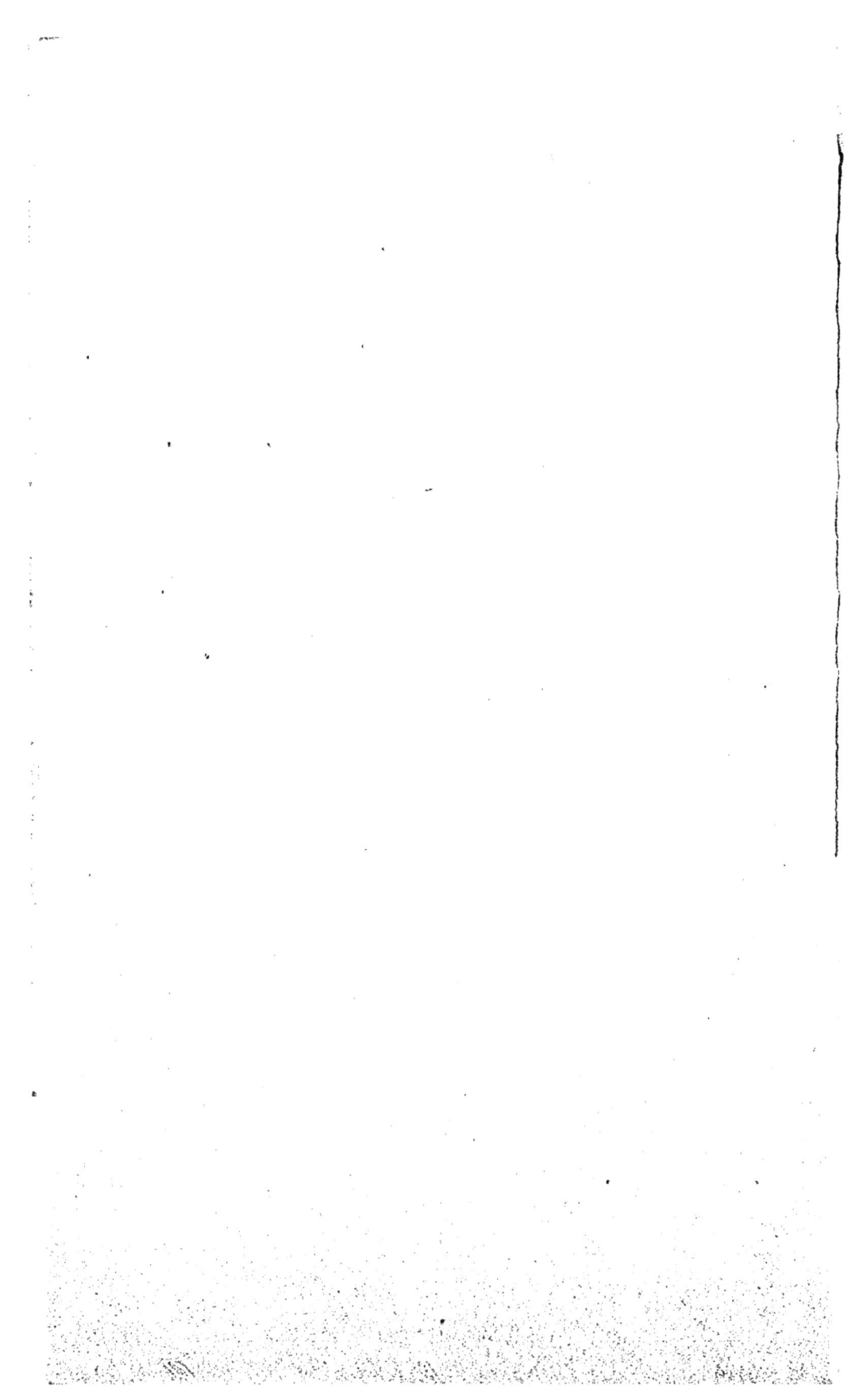

www.ingramcontent.com/pod-product-compliance
Lightning Source LLC
Chambersburg PA
CBHW060504200326
41520CB00017B/4899